AF595157

EXTRAITS
de plusieurs Lettres
de
L'AUTEUR
des
Mémoires d'un Homme
de QUALITE.

Publiés
par ETIENNE NEAULME.
Pour se justifier de ce que la
continuation
Du PHILOSOPHE ANGLOIS
Ou de l'Histoire de Mr. Cleveland
ne paroit pas encore.

A *UTRECHT*,
Chez E. NEAULME,
Libraire.

AU PUBLIC

Aprés les engagements dans lesquels je suis entré depuis un an, non seulement avec le public, mais particulierement encore avec quelques Libraires, de leur fournir la continuation du *Philosophe Anglois*, *ou l'Histoire de Cleveland* dans un certain temps, ce que n'ayant pu faire, je me trouve indispensablement obligé de me justifier en exposant les raisons qui m'ont empéché jusques à ce jour de remplir mes promesses; l'Autheur ne sauroit se plaindre de ma conduite, puis que je l'en ai averti par une Lettre que je lui ai écrite le 30. Octobre dernier à la quelle il n'a point fait de Réponce, voici le contenu de cette Lettre mot pour mot.

MONSIEUR

Je m'etois flatté que vous auriez fait reflexion sur ce que vous m'avez écrit & que vous seriez rentré en vous meme; je vous prie pour la dernière fois de faire attention à l'injustice que vous me faites si vous persistez dans votre resolution. Vous étes beaucoup plus engagé avec moi que vous ne le dites & je me crois obligé de vous avertir qu'un honnête homme doit rendre compte au public de ses actions. Cela m'obligera à faire imprimer vos Lettres si je n'en reçois pas une Lundi trois de Novembre 1732. par laquelle vous ratifiez vos anciens engagemens avec moi de finir le Cleveland dans trois mois, soyez seulement persuadé que quoi qu'il m'en puisse couter soit en espece, soit en impression, si vous persistez dans le dessein de ne pas tenir vos engagemens, je ferai juge le Publiс d'une manière tres claire de votre probité & de la mienne. Je suis.

MONSIEUR

Votre tres humble & tres obeissant Serviteur
E. NEAULME.

Utrecht le 30 Octob. 1732.

Des

Dès le mois de Decembre 1730. mon Frere Libraire à la Haye, étant à Amſterdam, fit l'accord pour moi avec l'Auteur. L'engagement portoit, qu'il devoit fournir dès le premier Fevrier 1731, un Ouvrage fini dans le nombre d'environ 60 feuilles, la feuille à tant...... ſous le Titre de Philoſophe Anglois, ou de l'Hiſtoire de Cleveland, à compter ſur le caractere & ſur le format des Mémoires d'un Homme de Qualité: Que s'il y avoit plus ou moins de feuilles on les payeroit ou on les diminueroit à proportion. L'Autheur étoit ſi fort dans ce ſentiment qu'il le reïtera lui meme dans une Lettre en datte du 21. Fevrier 1731. ou il dit „ nous pouſſerons le Cleveland „ auſſi loing quil vous plaira, car dans „ ces ouvrages qui ne ſont que pour „ le plaiſir, il importe peu que la fi„ ction ſe trouve mêlée avec la vérité.

Tout le monde ſçait dans quel tems les deux prémiéres parties de ce Livre ont paru, on eſt encore plus inſtruit combien le Public a langui avant que de voir paroitre les deux autres, maïs je paſſerai ſous ſilence,

 tou-

toutes les prieres, & toutes les instances, que j'ai faites alors; pour en venir à ce qui concerne la continuation de cette Histoire, voici la Lettre que L'Auteur m'ecrivit en datte du 3. Janvier 1732. apres un Voyage que j'avois fait à la Haye.

MONSIEUR

„ J'ai fait reflexion depuis votre de-
„ part à l'empressement que vous
„ m'avez marqué pour avoir la fin
„ du Cleveland. Je conçois que
„ votre interet le demande, & que
„ si la premiere Edition se vend as-
„ sez bien pour vous faire penser à
„ une seconde, il sera à propos que
„ vous puissiez mettre sous presse
„ l'Ouvrage tout entier. Je me suis
„ donc proposé, pour vous faire
„ plaisir, de menager quelque tems
„ tous les jours pour l'achever. Je
„ compte que le volume qui reste
„ à faire n'aura pas moins de vingt
„ deux ou vingt trois feuilles: Ain-
„ si qu'en faisant une feuille tous
„ les quatres jours c'est une affaire
„ à finir en moins de trois mois.
„ Vous pourrez comencer l'Impres-

„ sion

„ ſion l'orſqu'il y en aura la moitié
„ de fait, et de cette maniere il ſe
„ trouvera que vous aurez l'ouvra-
„ ge tout entier pour la Foire de
„ Francfort. Je ne doute pas Mon-
„ ſieur, que vous ne goutiez cet ar-
„ rangement. Je tacherai de rendre
„ notre dernier vol. ſi bon que vous
„ ne perdrez rien à l'attente.

„ Mais en vous faiſant ce plaiſir
„ j'en ai un de mon coté à vous
„ demander. C'eſt de vouloir m'a-
„ vancer une partie du prix. J'ai un
„ beſoin tres preſſant de cent florins;
„ Je compte que vous pouvez me
„ les avancer ſans peine, & c'eſt
„ dans cette opinion que je ne fais
„ pas difficulté de vous les deman-
„ der. Je ſouhaiterois meme que ce-
„ la ne paſſât pas plus loin que vous
„ et moi. Il n'eſt pas neceſſaire par
„ exemple que vous en parliez à M.
„ votre frere. On n'eſt pas bien
„ aiſe de faire toujours connoître
„ ſes petites miſeres. Si vous me
„ faites ce plaiſir Monſieur je vous
„ aurai beaucoup d'obligation, &
„ ſans compter le Cleveland que je
„ me croirai plus engagé de finir

 „ promp-

„ promptement, il n'y à rien que je
„ ne faſſe pour vous marquer l'eſti-
„ me avec laquelle je ſuis.

MONSIEUR

Votre tres humble
& tres obeiſſant Serviteur
D'Exiles

A La Haye
3e. *Janv.* 1732

Par ma reponce je lui prômettois de lui envoyer dans quelques jours les 100 flor. qu'il me demandoit, (& je le fis) ce qui m'attira la reponce ſuivante du 7. du meme mois, dont voici l'extrait.

„ Pour ce qui regarde le Cleve-
„ land, je n'ai pas cru Monſieur que
„ le dernier vol. dut être beaucoup
„ plus gros que le 3e en le faiſant
„ de vingt deux feuilles. C'eſt un
„ inconvenient auquel il eſt aiſé
„ de remedier en le reduiſant a
„ 18 ou vingt feuilles, ou même à
„ beaucoup moins ſi vous le ſou-
„ haitez. Il en ſera plûtot fini.
„ J'ai

„ J'ai commencé à metre la main
„ à l'œuvre, & je continuerai ſans
„ interruption.

„ Je vous rens graces, Monſieur,
„ de la promeſſe que vous me faites. J'ai renvoié mes créanciers
„ au tems que vous m'avez marqué, & je compte que n'ayant
„ point eu d'autre motif que votre honêteté, pour me faire ce
„ plaiſir, vous voudrez bien vous ſouvenir que j'en attendrai l'effet
„ come vous voulez bien me le promettre. Je ſuis avec beaucoup
„ d'eſtime &c.

D'EXILES.

La Haye 7 Janv. 1731.

Voici l'extrait de pluſieurs autres Lettres qui ont toutes rapport à cette continuation. Dans une en datte du 19. Mars 1732. il dit

„ Ce que je puis vous dire pour
„ le Cleveland, c'eſt Monſieur que
„ je ne pers pas un ſeul des momens que je puis derobber à mes

„ autres ouvrages, pour le finir „ aussi promptement que vous le „ souhaitez. J'en ai environ cinq „ feuilles de faites,

„ Il me tarde je vous assure autant qu'à vous que l'ouvrage soit „ tout à fait fini, & ce n'est pas „ plus pour me délivrer moi-même „ de ce fardeau, que pour vous mar- „ quer le desir sincere que j'ai de „ vous obliger, étant avec estime.

MONSIEUR

Votre tres humble & tres obeissant Serviteur

D. EXILES.

Mars. 19.
1732.

Dans une autre du 7 Juin 1732. il dit

„ Vous me priez de vous faire „ reponse; c'est à quoi vous deviez „ etre bien assuré que je ne manque- „ rois pas, lorsque je suis obligé de „ confesser, que je vous dois par „ dessus cela des excuses. Il est „ vrai que le Cleveland devroit être

„ ache-

„ achevé, mais ſi vous conſiderez
„ que je ſouhaiterois autant que vous
„ qu'il le fut, & qu'il m'a été abſo-
„ lument impoſſible juſqu'a preſent,
„ de nous ſatisfaire tous deux la
„ deſſus, vous ſerez un peu moins
„ faché du retardement. Mon pre-
„ mier Tome de l'Hiſtoire de Mr
„ de Thou paroitra le mois pro-
„ chain, & je compte d'en être
„ quitte abſolument vers le huit de
„ de Juillet. Auſſi tôt Monſieur,
„ que je me trouverai ainſi degagé
„ dela plus preſſante de mes occu-
„ pations, je travaillerai au Cleve-
„ land avec ſi peu de partage, que
„ je compte de l'avoir fini pour le
„ commencement du mois d'Aouſt.
„ Je ſuis avec beaucoup d'eſtime.

MONSIEUR

Votre tres humble

& tres obeiſſant Serviteur

D'EXILES.

7 Juin. 1732.

Dans une autre du 4 Juiliet 1732.
il dit

„ Je n'épargnerai rien pour finir „ promptement le 5 Tome, étant „ bien aise de vous obliger autant „ qu'il me sera possible, & de vous „ marquer que je suis sincerement. &c.

4e *Juill.* 1732.

Dans un autre du 30 Juillet 1732.

„ Au nom de Dieu, Mon Cher „ Monsieur, faites moi un peu de „ quartier. Je me livre à vous „ tout entier des que mon 1er Tome „ du de Thou sera en lumiere. Ce- „ la tardera si peu que ce n'est pas „ la peine de vous impatienter au- „ jourd'hui, apres avoir pris pa- „ tience si longtems. Je vous fe- „ rai, Dieu aidant, un bel et bon „ cinquieme Tome, qui se vendra „ si bien que vous serez consolé „ de tout. Comptez la dessus, & „ me croiez sincerement. Votre tres humble & tres obeissant Serviteur.

D'EXILES.

Dans une autre du 22 Septembre 1732. il dit

„ Je

„ Je suis faché que le 5 Tome ne „ soit pas encore en etat d'etre im„ primé; je dis faché presque autant „ que vous: mais je ne puis tout „ faire à la fois. Il y a peut être „ de l'excés dans la facilité avec la„ quelle je consens tous les jours „ à bien des choses qui partagent „ mon application; j'en conviens, „ mais c'est un ancien défaut dont „ je desespere de me corriger ja„ mais. Cependant, Monsieur, je „ me dechargerai du Cleveland le „ plutot qu'il me sera possible.

„ —— Je ne dois pas vous laisser „ ignorer qu'un Libraire de Paris, „ nommé Mr. Didot, qui a contrefait „ cet ouvrage, mais de l'aveu de Mrs. „ Gosse et Neaulme, m'est venu „ prier de lui composer une liaison „ qui puisse assortir le Tome que je „ vais donner avec les quatre de „ l'Edition de Paris. La raison qui „ le porte à cela, est qu'on l'a o„ bligé de retrancher une partie du „ dernier Tome de votre Edition, „ cequi empechera que ceque je vais „ donner ne puisse lui être utile, à „ moins que je n'apporte moi-même

 qu'el-

„ quelque remede à cet obstacle.
„ Je lui ai repondu que je ne pouvois honêtement me déterminer là dessus, sans vous l'avoir communiqué. Il pretend lever mon objection, en m'assurant que Mrs. Gosse et Neaulme y consentent, & que cela suffit. Voyez, Monsieur, ce que vous pensez de tout cela, & prenez la peine de me le marquer. Je demeure avec beaucoup d'estime.

MONSIEUR,

Votre tres humble & tres obeissant Serviteur.

D' EXILES.

22. *septembre* 1732.

l'Incertitude, ou me jettoit cette derniere Lettre par raport au tems que pouroit paroitre ce dernier volume, m'obligea de lui reiterer plus que jamais mes instances pour le voir finir. Je croyois y reussir en adjoutant que je le lui payerois tout de nouveau, & que les 100 flor. que je lui avois avancé, se trouveroient sur quelqu'autre ouvrage dans la futſuite; & à l'egard de l'affaire de M. Didot, je lui marquai que je ne conſentirois jamais à rien, qu'après qu'il auroit fini mon 5 Tome du Cleveland, que pour lors nous vérions. M. Didot, vint dans ce tems là à Utrecht, il convint avec moi que cela étoit juſte, & il repartit pour la Haye où il en convint auſſi, avec Mrs. Goſſe & Neaulme, en preſence de Temoins.

Voici la reponce qu'il me fit le 19 Octob. 1732.

MONSIEUR

„ Delivré enfin de tous les em„ barras qui m'ont empêché de finir „ le Cleveland, je vais m'y atta„ cher ſans interruption. Je vous „ envoierai à la fin de chaque ſe„ maine ceque j'aurai fait, de ſor„ te que vous n'avez plus à crain„ dre ni trouble ni retardement. „ J'ai fait la meme promeſſe à M. „ Didot, qui a pour le moins autant „ d'impatience que vous de voir „ finir l'ouvrage & qui m'a aſſuré à „ ſon retour d'Utrecht, que malgré „ les inſtances contraires que vous „ m'a-

„ m'avez faites dans votre derniere „ lettre, vous consentez à present „ que je lui fasse une liaison qui „ lui rende le dernier volume utile.

„ Je vous suis obligé de l'offre que „ vous me faites de me paier de „ nouveau le volume futur, & je „ l'accepte, parceque je me trou„ve un peu dans le besoin d'argent, „ tout bien consideré, Monsieur, „ vous conviendrez que vous n'a„vez pas paié l'ouvrage assez cher „ pour regreter cette petite augmen„tation, sans compter qu'aiant „ fourni au moins les Soixante feuil„les dont je suis convenu par le „ contrat, je serois en droit de fai„re un nouveau marché pour la „ suite. Mais vous en avez agi si „ honetement, & je suis si sensi„ble aux bonnes maniéres, qu'il „ ne m'est pas meme venu dans la „ pensée de vous en faire la propo„sition.

„ L'unique chose que je vais vous „ demander en me mettant serieu„sement au travail, c'est de m'a„vancer cent florins qui me sont „ absolument necessaires pour paier

„ une

„ une lettre de change mardi pro-
„ chain 22. d'Octobre. Peut-etre
„ cela vous fera-t'il quelque peine,
„ à cause du passé; mais je con-
„ sens à passer pour un malhonê-
„ te homme si je n'execute fidéle-
„ ment la promesse que je vous
„ fais aujourdhui. J'espere qu'a-
„ prés une expression si forte & dont
„ je vous permets d'user à mon de-
„ savantage si je manque à ma pa-
„ role, vous ne ferez nulle diffi-
„ culté de m'accorder cette satis-
„ faction, qui m'est comme je vous
„ dis, absolument necessaire. J'a-
„ jouterai pour second motif, qu'en
„ travaillant pour vous je vous
„ donne la preference sur plusieurs
„ autres qui me demandent insta-
„ ment quelque ouvrage de ma fa-
„ çon. Je puis vous nommer Mon-
„ sieur Chatelain qui m'offre de me
„ paier bien autrement que vous,
„ & M. Didot qui me promet vingt
„ cinq livres de France pour cha-
„ que feuille &c. Mais comme
„ ce n'est point absolument l'interet
„ qui me guide, & que je me bor-
„ ne à l'honête necessaire, cet-

„ te

„ te raiſon ne me portera point
„ d'un autre coté; à moins que
„ vous ne me refuſaſſiez la petite
„ faveur que je vous demande au-
„ jourdhui, car la neceſſité plûtôt
„ que l'inclination m'obligeroit à
„ m'accomoder avec celui qui me
„ feroit le plaiſir que j'attens de
„ vous. Vous ſavez de quelle im-
„ portance il eſt de paier une lettre
„ de change quand on veut conſer-
„ ver ſon credit.

„ J'attendrai votre réponſe avec
„ la derniere impatience, car le
„ tems preſſe & je me fais un grand
„ reproche de m'y etre pris ſi tard.
„ J'ai eu tous ces jours-ci mille
„ ſoins chagrinans qui m'ont em-
„ peché d'y penſer. J'ai quitté en-
„ fin ma Maîtreſſe. Cette nou-
„ velle vous rejouïra peut-etre. —

„ Il n'importe par les mains de
„ qui vous me faſſiez remettre les
„ F. 100. Je demeure avec beaucoup
„ d'eſtime & en attendant un nou-
„ veau motif de reconnoiſſance.

MONSIEUR.

Votre tres humble & tres ob. ſerv.

D'EXILES.

19. *October* 1732.

Ma

Ma réponce étoit que je ne pouvois point lui envoyer l'argent quil me demandoit, n'en ayant point en caisse, mais que j'aurois soin d'en avoir lors que le Cleveland seroit fini ,que j'etois étonné qu'il me dit qu'il l'alloit commencer lors qu'il m'avoit deja marqué qu'il etoit tres avancé; ne pouvois je pas le conclure par sa lettre du 3 Janvier où il me le promettoit tout entier à Paques & par celle du 7 Juin où il me le promettoit dans le mois d'Aoust.

J'aurois pu lui ajouter que je ne croyois pas que Mr. Chatelain lui eut demandé avec instances de ses ouvrages, & je ne me serois pas trompé, j'en suis assuré.

Voici ce qu'il m'ecrivit en reponce le 23 Octobre 1732.

MONSIEUR,

„ Je vous écris encore une fois, „ qui sera la derniere.

„ „ Vous vous attendez à voir in- „ „ cessament la fin du Cleveland, „ „ vous me reiterez vos instances, „ „ j'obligerai celui qui me temoi- „ „ gnera sa reconnoissance dans tou-

te

„ „ te occasion ——— tout ce-
„ la est fort bien, mais je le trou-
„ ve un peu étrange après la ma-
„ niere dont je vous ai écrit en
„ dernier lieu. Ma lettre partit Sa-
„ medi passé, vous la reçutes di-
„ manche; vous avez eu deux
„ jours entiers pour me répon-
„ dre: Vous ne l'avez pas fait, du
„ moins pour me marquer la mê-
„ me chose qu'aujourdhui & me
„ donner le tems de prendre des
„ mesures sans lesquelles vous avez
„ dû juger que je me trouverois
„ exposé à quelque peine le jour
„ que je devois païer ma lettre de
„ change. Votre délai à répondre
„ m'a fait compter sur vous, de-
„ sorte que sans le secours d'un
„ bon Ami, j'aurois été pris tout
„ à fait au dépourvu. Ier. article
„ que je ne puis vous pardonner.

„ Ensuite vous me refusez ceque
„ je vous demandois, & vous vous
„ croiez bien excusé en me disant
„ que vous n'étes point en Cais-
„ se, lors qu'un Billet paia-
„ ble dans un certain tems auroit
„ pû me satisfaire & me tirer d'em-

„ ba-

„ baras ſans vous en cauſer aucun.

3°. Vous voulez faire l'homme
„ d'eſprit en concluant de quelques
„ mots de ma lettre que je n'ai
„ point encore commencé le 5. To-
„ me, ce qui eſt tres faux puisque
„ j'en ai quatre feuilles de faites de-
„ puis plus de trois mois; mais
„ quand il ne ſeroit pas commen-
„ cé, je me ſuis expliqué d'u-
„ ne maniére à ne vous laiſſer au-
„ cun doute que je ne fuſſe diſpoſé
„ à le finir promptement. Ainſi
„ vos exceptions, vos excuſes, vos
„ promeſſes ſont tres malhonetes.

„ 4. Enfin vous niez d'être con-
„ venu avec M. Didot ſur la Liai-
„ ſon qu'il m'a demandée pour le
„ Tome futur; & moi qui con-
„ nois M. Didot de longue main,
„ je ne ſaurois croire qu'il m'ait
„ voulu tromper. D'ailleurs il me
„ ſemble que vous étant accom-
„ modé avec lui, vous, votre
„ Frere et M. Goſſe, pour ſon Edi-
„ tion, vous ne pouvez ſouhaiter
„ raiſonnablement qu'il ſoit privé
„ d'une choſe ſans laquelle le Vo-
„ lume qui reſte à faire lui ſeroit
„ tout à fait inutile.

„ De tous ces Articles, Mon-
„ ſieur, je Conclus que votre ma-
„ niere d'agir n'eſt point telle qu'el-
„ le doit être, & qu'elle me diſ-
„ penſe de l'honêteté que je vou-
„ lois bien avoir pour vous en con-
„ ſideration de la petite avance
„ que vous m'aviez faite, & qui,
„ lorsque nous aurons bien Calcu-
„ lé les feuilles livrées ſur le for-
„ mat des Memoires d'un Homme
„ de qualité, ne ſe trouvera gue-
„ res monter qu'à quatre-vingt flo-
„ rins. Au premier argent que je
„ toucherai, cequi ne tardera pas
„ longtems, je vous remettrai la
„ ſomme dont vous étes en avance
„ avec moi, & je vous en paierai
„ l'interet au denier ordinaire du
„ Pais. Soit que je juge à propos
„ de finir le Cleveland, ou de le
„ laiſſer imparfait, je me reſerve la
„ liberté de le donner à qui je vou-
„ drai ſoit en France ſoit en Hollan-
„ de, aiant ſatisfait aux engage-
„ mens de mon Contract qui ne
„ porte qu'environ ſoixante feuilles
„ comptées ſur le format de l'Homme de qualité.

„ Voi-

„ Voila Monſieur, ceque j'ai ju-
„ gé à propos de vous marquer,
„ afin que vous ne faſſiez plus de
„ fond deſormais ſur mon travail,
„ non plus que je n'en veux faire de
„ mon côté ſur votre argent, ni
„ ſur vos temoignages prétendus
„ de reconnoiſſance. La ſeule que
„ je puſſe attendre de vous, étoit
„ de me faire plaiſir dans une occa-
„ ſion comme celle qui vient de ſe
„ preſenter, & je ne puis rien pen-
„ ſer d'avantageux de l'indifferen-
„ ce avec laquelle vous l'avez laiſ-
„ ſé échapper. Vous avez été mal
„ conſeillé Monſieur, j'en ſuis fa-
„ ché pour vous & je demeure Vo-
„ tre très-humble & très Obeiſſant
„ Serviteur D'EXILES.

23. Oct. 1732.

Qu'il me ſoit permis d'ajouter ici ce que je lui repondis ſur le champ en datte du 24 Octobre 1732.

MONSIEUR.

Votre lettre a tout lieu de me ſurprendre & votre procedé envers moi, dé-

dément bien vos offres obligeantes & le peu de reconnoissance que l'on doit attendre d'une personne à qui l'on à rendu service. Je n'ay pas le tems de répondre mot à mot à tout ce qu'il y à de desobligeant dans votre lettre. Vous vous plaignez de ce que je n'ay pas répondu Dimanche à une Lettre que je n'ay recu que lundy. Quoi qu'elle fut dattée du Samedy & que vous dites l'avoir envoyée ce jour là à la poste. Je ne vous ai point accordé la grace que vous me demandiez, & cela parce que je n'étois pas en Caisse, cette raison ne vous satisfait pas. Il est vrai qu'un autre vous en auroit peut être allegué d'autres aussi naturelles mais pas si obligeantes. Il auroit pu vous dire que l'experience du passé servoit de guide pour l'avenir. Que la facilité avec la quelle vous consentez tous les jours à bien des choses qui partagent votre aplication, seroit peut être encore un obstacle qui vous empecheroit d'executer les promesses que vous faites avec la meme facilité.

Si vous comptez avoir rempli votre Contract, votre maniére d'agir n'est pas telle qu'elle doit être, vous vous

étes

êtes engagé à me fournir un ouvrage fini, & non pas un ouvrage imparfait. Je n'ai ſuivi que mon Conſeil en répondant à votre lettre, & je l'ai fait encore d'une maniére trop obligeante, auſſi n'aurois-je jamais cru qu'elle m'en dut attirer une auſſi impertinente que celle que vous m'écrivez.

Si Mr. Didot vous a dit ce que vous me marquez (ce que je ne puis croire) il n'a pas accuſé juſte, puisque je lui ai dit que je ne conſentirois à rien qu'apres que le Tom. 5 du Cleveland ſeroit imprimé, & que nous parlerions alors de Cela. Ainſi Mr. pour vous dagager envers moï finiſſez cet ouvrage, & auſſitot que vous me l'aurez envoyé, je le payerai, Je ſuis &c.

E. NEAULME.

Je pourois ajouter ici bien des Reflexions: mais ce n'eſt pas mon intention, je crois en avoir aſſez fait, en expoſant naturellement les choſes telles qu'elles ſont, aux yeux du Public, qu'il ſoit juge ſi j'ai autre choſe à me reprocher que mon trop de facilité; & que Mrs les Libraires jugent à leur tour, si la continuation du Cleveland ne m'appartient pas de plein droit, aussi avertis-je que je l'imprimerai d'abord que l'autheur le mettra au jour, dans quel quartier du monde qu'il l'envoye;

Voici une Lettre que mon Frere vient de m'envoyer, j'espére qu'il ne désaprouvera pas que je l'imprime ici. Elle est utile à ma justification.

à Mr. NEAULME, Libraire sur la Place, à la Haye.

MONSIEUR.

Quoique votre cher Frere s'y soit pris d'une maniere à se priver tout à fait de ce qu'il voudroit obtenir, je veux bien fermer les yeux sur son procedé, pour ne pas lui faire le tort que je conçois qu'il pourroit souffrir si je m'accomodois avec les Libraires de Paris. Ainsi, Monsieur, sans faire valoir le contrat, auqu'el j'ai plainement satisfait, je consens encore à faire pour lui, un 5e Cleveland, aux deux con-

conditions ſuivantes dont la premiere m'a été offerte par lui-même : 1° que l'on ne parlera point de la petite avance qu'il m'a faite, & qui ſe retrouvera ſur quelque autre Ouvrage. 2° Que vous me ferez pour lui un billet de deux cens florins, paiable au Porteur dans ſix mois. Moiénnant quoi je m'engagerai de mon côté, à lui faire un Volume de vingt deux feuilles au moins, qui ne ſera ſuivi d'aucun autre, & cela tout au pluſtard dans le terme de trois mois. Je lui promettrai auſſi de ne pas faire pour M. Didot la liaiſon qu'il me demande, avant que l'Ouvrage ſoit entierement fini. A ces conditions, Monſieur, je prends auſſitot la plume pour travailler. Sans elles, il n'y a rien à eſpérer de moi, & je laiſſe à votre cher Frere la liberté de faire imprimer mes lettres, comme il a eu l'imprudence de m'en menacer, avec celle même de les faire graver, mettre en muſique &c. tout comme il lui plaira. Le Public n'en ſaura que mieux que j'ecris comme j'agis, c'eſt à dire qu'il y a autant de civilité dans mes lettres que dans mes manieres. Je suis.

MONSIEUR.

Votre tres humble & obeissant Serviteur.

à la Haye 6 9bre 1722. D'EXILES.

Que le Public juge des raisons qui m'empêchent de consentir à ces dernieres propositions. Tout ce que j'ai à y ajouter c'est que si l'Autheur me livre le Cleveland fini en 22 feuilles dans trois mois, je lui ferai present des 100 florins, que je lui ai avancés, & lui donnerai les deux cens autres qu'il demande pour les 22 feuilles quoique cette derniére somme surpasseroit d'environ 40 florins ce qui lui reviendroit naturellement.

www.ingramcontent.com/pod-product-compliance
Lightning Source LLC
LaVergne TN
LVHW012103170726
843501LV00008BB/2740

* 9 7 8 2 3 2 9 6 4 9 2 3 8 *